かんたん！手間なし

保存食と常備菜

いざというとき役に立つ83レシピ

中村佳瑞子

はじめに

手作りの保存食や常備菜の良さは、

いつでも旬の味を楽しめて、その季節を感じることができること。

そして毎日の食事が安心・安全になること。

さらには、熟成していく様子を見ることができたり、

好みの味に仕上げるという楽しみも。

保存食や常備菜を活用すれば、料理の幅もぐんと広がり、

料理のスピードアップにもつながります。

ちょっと手間はかかるけれど、体に良いこと、

おいしいことたくさんの手作りレシピを、

みなさんにも楽しんでいただけたら幸いです。

保存のコツ4

1 季節のこと

日本では、四季の変化があるからこそ旬の味が楽しめます。そのおいしさをギュッと閉じこめて作る保存食や常備菜は、とてもぜいたくな料理とも言えるでしょう。梅干し、らっきょう……いつでも季節の味を味わえるのは、保存食を作る人の特権です。保存する時は「ぬか床は、夏場は冷蔵庫に入れ、冬場は室温に出す」なんていう、さじ加減が大切。食材選びや作るタイミングを、季節と相談しながらのんびり作るのが、上手に作る秘訣です。

2 殺菌のこと

保存食や常備菜は清潔な容器に保存するのが大切。数日程度の保存なら、ふたの付いた容器やびん、プラスチックの密閉容器で十分。入れる前には、前に入っていた食材のにおいなどがついていないか確かめ、殺菌効果のある洗剤で洗うか、熱湯をかけて消毒してから使うと安全です。長期間の保存には、びんなどを煮沸消毒してから使います。大きめのびんや、カメは焼酎を吹きかけて消毒する方法もあります。

3 長持ちさせる方法

ジャムなどを長持ちさせたい場合は脱気をします。脱気とは、中身が入ったびんをびんごと煮沸し、中の空気を抜いて保存性を高くすること。脱気の方法は、①中身の入ったびんのふたを軽くしめて深めのなべに並べ、びんの7分目まで湯をそそぎ、火にかける。② 15分したらびんをとり出し、再度ふたをしっかりしめ直して、ふたが下になるように網の上にのせて粗熱をとる。③ふたの中央がへこんでいれば完成。これで最長1年は保存可能に。

4 保存場所

びんに料理名と作った日にち、食べごろなどを書いたラベルを貼っておくと、後で便利です。保存食は、冷暗所、常温、冷蔵庫で保存することが多いのですが、冷暗所とは15度以下の直射日光の当たらない、温度変化の少ない涼しいところ。また、常温とは15～20度（夏場の平均的なキッチンの温度は25度以上）、ということを頭におき、家の中での保存場所を決めます。ちなみに冷蔵室は0～10度、冷凍室はマイナス18度以下なので参考に。

かんたん！　手間なし

保存食と常備菜

CONTENTS

Part 4 調味料・ソース

Part 5 おやつになる保存食

この本の使い方

- 計量の単位は、大さじ1は計量スプーンの15mℓ、小さじ1は5mℓ、1カップは計量カップの200mℓです。
- 野菜類は、特に表記がない場合は、洗って皮をむく作業をすませてからの手順を説明しています。
- 電子レンジの加熱時間は、500Wの場合の目安です。機種によって多少異なる場合があります。
- 長期保存する場合は、容器を必ず煮沸消毒してから使いましょう。
- 保存期間はあくまでも目安で、保存状況や気温、季節によって変わります。

Part 1

基本の保存食

ぬか床は夏場は冷蔵庫、冬場は室温で保管を

野菜のぬかみそ漬け

保存期間
手入れをすれば
一生保存可能

材料（作りやすい分量）

- 米ぬか……1kg
- 塩……200g
- 水……3カップ
- 赤とうがらし……2本
- くず野菜……適量
- 本漬け野菜（なす、きゅうり、にんじん、みょうがなど）……各適量

作り方

1. 米ぬかは中華なべでから炒りし、よく冷ましておく。
2. ふた付きの陶製、ホーロー引き、ガラス製などの容器に❶と塩、水を入れてよく混ぜ、赤とうがらしを加えてさらに混ぜ、ぬか床を作る。
3. くず野菜を入れてよく混ぜ、表面を平らにならして2～3日おく。この間も毎日混ぜる。
4. 塩けがなじんだら、ぬか床からくず野菜をとり出す。
5. 本漬け用の野菜は、1回分ずつよく洗って水けをきり、軽く塩もみしてぬか床に漬け込み、表面を平らにならしおく。常温でひと晩漬けたら完成。冷蔵庫だと2～3日後から食べられる。
6. ぬか床がゆるくなったら、乾いたふきんで水分をとり、塩を足す。
7. 炒りぬかを使うときは、炒らずに使う。生ぬかを炒って使うほうが傷みにくく味が良いと言われている。

WECK

刻んでチャーハンやドレッシングに入れてもおいしい

らっきょうの甘酢漬け

保存期間
冷蔵庫で約1年

材料（作りやすい分量）

【塩漬け用】

らっきょう（土付きのもの）…………… 1kg
塩 ………………………………… 100g
水 …………………………… 1/2カップ
酢 ……………………………… 1カップ
赤とうがらし ………………………… 3本

【甘酢漬け用】

塩漬けしたらっきょう ………………… 適量
酢 ……………………………… 1カップ
砂糖、みりん ……………… 各1/2カップ

塩漬けの作り方

1. らっきょうは土付きのままボウルに入れ、たわしでよくこすって泥を落とす。
2. 根元と茎の部分を浅く切りそろえる。
3. 水をとりかえながらよく洗い、薄皮をとり除き、ざるに上げて水をきる。
4. らっきょうに塩をまぶしながら、赤とうがらしと共に煮沸消毒した容器に入れ、酢と水をそそぐ。
5. 重しをして約2週間おく。
6. 保存用なら、ふたをして、このまま冷暗所で保存する。

甘酢漬けの作り方

1. 塩漬けしたらっきょうを必要な分だけとり出し、平らなざるの上などに広げて2〜4時間干す。
2. なべに酢、砂糖、みりんを合わせてひと煮立ちさせ、冷ます。
3. ❶を煮沸消毒したびんに入れ、❷をそそぎ、らっきょうが浮かないようにラップなどでおさえる。
4. 2週間で食べごろになる。

手作りだと塩分、やわらかさを加減でき、
梅酢やゆかりも利用できる

梅干し

保存期間
常温または冷蔵庫で
約1年

材料（作りやすい分量）

梅（少し黄色に熟したもの）…………2kg
塩（梅用）…………………………240g
焼酎…………………………………大さじ4
赤じその葉…………………………200g
塩（赤じそ用）……………………30g

作り方

❶ 竹ぐしで梅のへたをとる。

❷ さっと洗い、たっぷりの水にひと晩漬けてアクを抜く。

❸ ざるに上げて水けをきり、全体に焼酎をふりかけ、保存用の清潔な容器の中に入れる。

❹ ❸の梅の表面を平らにならしたあと、塩をまぶす。清潔な落としぶたをし、梅の重さの2倍くらいの重しをのせ、ほこりが入らないように紙などでおおって冷暗所におく。

❺ 3日目くらいから水が上がってくる（白梅酢）。水が上がらない場合は、梅の上下を返すか、塩を少し足す。水がよく上がったら重しを半分にして、赤じそが出回る時期まで漬けておく。

❻ 赤じそは洗って、葉を摘み、陰干しする。

❼ ❻に塩をふってよくもみ、水けをかたくしぼる。この赤じそに白梅酢をかけてもみ、赤じそを梅にのせ、もんだ紫紅色の汁をそそぎ入れる。

❽ ❼に重しと紙ぶたをして冷暗所におく。約3週間そのまま漬けておく。

❾ 平らなざるなどに梅としそをとり出して、日が当たる風通しの良いところに2～3日干す。

❿ ❾をびんやカメに入れて冷暗所で保存する。半年以上経つと味がなじんでよりおいしくなる。

焼き肉のたれや調味料としても使える

にんにくのしょうゆ漬け

保存期間
冷蔵庫で約半年

材料（作りやすい分量）

にんにく ……………………………… 10かけ
しょうゆ ……… 200mℓ（にんにくがひたる量）

作り方

1. にんにくの外皮をむき、根と茎を切り、薄皮もきれいにとり除く。
2. にんにくを煮沸消毒したびんに入れ、にんにくが十分ひたる量のしょうゆをそそぐ。
3. 1週間ぐらいで食べられるが、長くおくほど風味が良くなる。

やわらかい新しょうがの皮はスプーンでむいて

新しょうがの甘酢漬け

保存期間
冷蔵庫で約３カ月

材料（作りやすい分量）

- 新しょうが……200g
- 酢……1カップ
- 砂糖……40g
- 塩……少々

作り方

1. しょうがは洗ってスプーンなどで皮をむき、薄切りにする。水にさらし、ざるに上げて水けをきっておく。
2. ボウルに酢を入れ、砂糖と塩を入れてよく混ぜ、甘酢を作る。
3. たっぷりの湯で❶をさっとゆで、水けをきる。
4. 煮沸消毒したびんに、熱いままの❸を入れ、❷をそそいでしょうががひたっている状態にする。
5. ❹を冷蔵庫で保存する。

白菜はみずみずしく新鮮で、葉のかたく巻いたものが良質

白菜漬け

保存期間
冷蔵庫で約10日

材料（作りやすい分量）

白菜……………………………………大2株
塩…………………………白菜の重さの4％
昆布……………………………………20cm
赤とうがらし…………………………3本

作り方

❶ 白菜の根元に、包丁で十文字の切り込みを入れ、手で裂く。

❷ ❶をざるなどの上にのせて日当たりの良い場所に並べ、1～2日干す。こうすることで白菜の甘みが引き出される。

❸ 昆布を3cm幅に切る。

❹ ❷の外葉をはがして、葉の間もきれいに洗って水けをきる。外葉は後で使うので、捨てないでとっておく。

❺ 保存容器に塩をひとつかみふり、そこに白菜の切り口を上にしてすき間のないように並べる。その上に塩、昆布、赤とうがらしを散らし、再び白菜の方向を90度変えて並べて塩、昆布、赤とうがらしを散らすという作業をくり返す。

❻ 一番上に、❹ではがした外葉を広げて塩をふたつかみふり、落としぶたをし、白菜の重さ（干す前の重さ）の2倍の重しをのせる。

❼ 2～3日して水が上がったら、重しを半分に減らす。

❽ 4～5日後から食べられる。

白菜漬けにひと手間かけたキムチは、ピリ辛で食欲をそそる味！

白菜キムチ

保存期間
冷蔵庫で
２週間～１カ月

材料（作りやすい分量）

白菜漬け（芯を切り落としていないもの）	２株分
大根	１本分
にんじん	少々
にら	１束
長ねぎ	1/2本
りんご	1/2個
しょうが	10g
にんにく	２かけ
アミの塩辛	100g
赤とうがらし粉	大さじ１
酒	大さじ４
砂糖	小さじ１と1/2
しょうゆ	大さじ1/2

作り方

❶ 大根、りんご、にんじんはせん切り、にらと長ねぎはみじん切り、しょうがとにんにくはすりおろす。

❷ 白菜漬け以外の材料をなべに入れてひと煮立ちさせ、バットに広げて冷ます。

❸ 白菜漬けの葉の間に❷を少しずつはさみ込んで重ねていく。

❹ はさんだ葉先をひねるようにして、容器にすき間ができないように並べる。

❺ 上に残りの❷を散らし、重しをのせて３日おく。食べるときは、洗わないでそのまま切っていただく。

オイキムチ

カクテキ

漬ける期間で好みの味に調節できるのは自家製ならでは

カクテキ＆オイキムチ

保存期間
どちらも冷蔵庫で
3日〜2週間

材料（作りやすい分量）

【カクテキ】

大根	1本
塩	20g
長ねぎの小口切り	1/3本分
赤とうがらし粉	大さじ2
Ⓐ 赤とうがらし粉	大さじ2
Ⓐ 砂糖	大さじ1
Ⓐ おろししょうが	15g
Ⓐ アミの塩辛	30g

【オイキムチ】

きゅうり	6本
塩（きゅうり用）	適量
大根	200g
塩（大根用）	小さじ1
長ねぎ	1/3本
にら	4本
昆布でとっただし汁	1カップ
赤とうがらし粉	小さじ1
糸とうがらし	少々
Ⓐ 砂糖	小さじ1
Ⓐ おろしにんにく	1かけ分
Ⓐ アミの塩辛	小さじ1
Ⓐ おろししょうが	5g

カクテキの作り方

1. 大根は皮をむいて1.5cm角に切る。塩でもんで約30分おき、大根がしんなりしたら、さっと洗ってざるに上げて水けをきる。
2. ❶に赤とうがらし粉をもみ込むように混ぜる。
3. Ⓐを加えてよく混ぜ合わせ、最後に長ねぎを加えて混ぜる。

オイキムチの作り方

1. きゅうりは両端を切って長さを半分に切り、端を2cmほど残して縦十文字に切り目を入れる。塩でもんでしんなりするまでおく。
2. 大根はせん切りにして塩でもみ、しんなりしたら水けをきる。長ねぎはせん切り、にらは1cm長さに切る。
3. ❷と赤とうがらし粉、糸とうがらし、Ⓐをよく混ぜ合わせる。
4. ❶のきゅうりを軽く洗って水けをふき、切り目に❸をていねいにはさみ、だし汁をそそいで全体になじませる。

何年ねかせてもそれぞれの味わいが楽しめる

梅　酒

保存期間

日の当たらない温度変化の少ない場所なら何年でも

材料（作りやすい分量）

青梅 …………………………………… 1kg
氷砂糖 ……………………………… 500g
ホワイトリカー ………………………… 1.8ℓ

作り方

1. 青梅は傷つけないようにていねいに洗い、水けをよくきり、竹ぐしなどでヘタをとる。梅にしわができるのを防ぐには、竹ぐしで数箇所穴をあけておく。
2. 清潔な容器に梅と氷砂糖を入れ、ホワイトリカーをそそぐ。
3. 密閉して冷暗所で熟成させる。漬け込んでから１カ月半をすぎれば飲めるが、熟成には少なくとも３カ月は必要。半年から１年経つとおいしくなる。
4. １年すぎたら、梅の実をとり出し、液をこして保存容器に入れかえる。

梅酒を少し入れても、おいしくいただける

いちご酒

保存期間
日の当たらない温度変化の少ない場所なら何年でも

材料（作りやすい分量）

いちご	1kg
レモン	2個
氷砂糖	200〜300g
ホワイトリカー	1.8ℓ

作り方

❶ いちごはさっと水洗いして、水けをふいてヘタをとる。

❷ レモンは皮をむいて、薄い輪切りにする。

❸ 清潔な容器に❶、氷砂糖、❷を入れ、ホワイトリカーをそそぐ。

❹ ❸を冷暗所で熟成させる。レモンは苦みがでるので、1週間後にとり出し、1カ月ぐらいしていちごが白くなったら、いちごをとり出す。

初夏になるとよく見かけるびわを果実酒に

びわ酒

保存期間

日の当たらない温度変化の少ない場所なら何年でも

材料（作りやすい分量）

びわ（完熟したもの）	1kg
レモン	4個
氷砂糖	100g
ホワイトリカー	1.8ℓ

作り方

1. びわをよく洗い、水けをふく。
2. レモンは皮をむいて、横半分に切る。
3. 清潔な容器に❶、❷、氷砂糖を交互に入れ、ホワイトリカーをそそぐ。
4. ❸を冷暗所で熟成させる。2カ月後にレモンを、1年後にびわをとり出す。

さっぱりとした口当りで飲みやすい

アロエ酒

保存期間

日の当たらない温度変化の少ない場所なら何年でも

材料（作りやすい分量）

アロエの生葉 ………………………… 400g
グラニュー糖 ………………………… 100g
ホワイトリカー ……………………… 1.8ℓ

作り方

1. アロエの葉をつけ根から切りとり、たわしでとげをけずるようによく洗い、小さく刻む。
2. ❶をざるに広げて、半日ほど陰干しにする。
3. 清潔な容器に❷とグラニュー糖を入れ、ホワイトリカーをそそぎ冷暗所で熟成させる。
4. 時々、中身が均一になるように上下にふる。アロエは1カ月後にとり出す。

ほんのりと苦みがあって良い香り。はっさくでも作れる

夏みかんのマーマレード

保存期間
冷蔵庫で約２カ月

材料（作りやすい分量）

夏みかん ……………………………… 1kg（4個くらい）
砂糖 …………… 夏みかん（皮・果汁）の重さの 40〜50％

作り方

❶ 夏みかんはしばらく湯につけてからよく洗う。

❷ 皮に切り目を入れて皮をむき、内側の白い部分をとり除き、2cm幅の長方形に切り整え、重さをはかっておく（果肉はあとで使うので、とっておく）。

❸ 水をたっぷり入れたホーロー引きのなべに❷の皮を入れ、沸とうしてから15〜20分やわらかくなるまで煮る。

❹ ❸を冷水にとり、流水にさらす。これで皮の苦みはほとんど抜ける。

❺ 果肉は薄皮をむいてとり出し、種を除き、ふきんに包んでしぼり、果汁の重さをはかっておく。

❻ ❹の皮をなべに入れ、❺の果汁を加えてアクをとりながら煮る。

❼ ❻に砂糖を加え、少しとろみがつくまで煮る。冷めるとかたくなるので、煮すぎないように注意する。

❽ ❼を煮沸消毒したびんに入れて脱気（3ページ参照）し、冷蔵庫で保存する。

WECK

甘い香りが口いっぱいに広がり、とってもジューシーなジャム

いちごの丸粒ジャム

保存期間
冷蔵庫で約２カ月

材料（作りやすい分量）

いちご……………………………… 1kg
砂糖…………… いちごの重さの 40～50％
レモン汁………………………… 1/2個分

作り方

❶ いちごは中粒でよく熟したものを選び、へたをとる。

❷ ❶を水洗いして汚れをよくとり除く。

❸ ❷をざるに上げてしっかり水けをきってから分量をはかる。

❹ ホーローの引きのなべに❸、砂糖、レモン汁を入れて火にかける。

❺ 砂糖がとけるまでは木べらでゆっくりかき混ぜ、いちごの粒がなべの底のほうへ沈んできたら火を弱める。

❻ この後はかき混ぜるといちごの粒がくずれてしまうので、ときどきなべの両端を持ってゆすって混ぜる。

❼ 冷めるとかたくなるので、少しゆるめの状態で火をとめる。

❽ ❼を煮沸消毒したびんに入れて脱気（3ページ参照）し、冷蔵庫で保存する。

Part 2

肉と魚の保存食

酒の肴やサンドイッチの具にぴったり

鶏肉のくん製

保存期間
冷蔵庫で1～2日

材料（作りやすい分量）

鶏もも肉……1枚

Ⓐ
- 塩……小さじ1/2
- こしょう……少々
- 酒……少々

好みのスモークチップ……30g

※スモークチップがない場合は、ほうじ茶や緑茶、紅茶などに、ざらめ（グラニュー糖でも）を使ってもスモークできる（茶葉2/3カップ、ざらめ60g）。

作り方

1. 鶏肉は、なるべく厚みが均一になるように包丁を入れ、Ⓐで下味をつける。
2. 中華なべの底にアルミホイルを敷き、スモークチップを入れて網をのせてセットする。
3. ❷に鶏肉の皮目を下にしてのせ、中火にかける。煙が出てきたらふたをして弱火にして20分加熱し、鶏肉を裏返してさらに20分加熱する。途中で煙が少なくなったらチップを追加する。

スープにも鶏肉の旨みが出ているから有効活用を！

ゆで鶏

保存期間
冷蔵庫で２～３日
冷凍庫で２週間

材料（作りやすい分量）

鶏もも肉 …………………………… ２枚
水 ………………………………… １ℓ
長ねぎ（青い部分） ……………… １本分
しょうが（薄切り） ……………… １かけ分
塩 ……………………………… 大さじ１
こしょう ………………………… 少々

作り方

1. 鶏肉に塩、こしょうをする。
2. なべに水を入れ、沸とうしたら鶏肉と長ねぎ、しょうがを入れる。中火で約20分煮てアクをとる。
3. ❷をさらに弱火で約20分煮る。
4. ❸はスープごと容器に入れ、冷蔵庫で保存する。または、冷凍用密閉袋に入れて冷凍庫で保存する。

ジューシーなゆで鶏と、もやしときゅうりの食感を楽しんで

鶏肉ともやしのピリ辛あえ

30ページの「ゆで鶏」で

材料（作りやすい分量）

	ゆで鶏	1枚
	もやし	1/2袋
	きゅうり	1本
Ⓐ	ゆで鶏の汁	大さじ2
Ⓐ	ラー油	小さじ1
Ⓐ	塩	少々

作り方

1. ゆで鶏は一口大に切る。
2. きゅうりはせん切り、もやしは沸とうした湯でさっとゆでる。
3. ボウルに❶と❷、Ⓐを入れてよくあえる。

塩と香草で下味をつけて旨みをアップ

塩漬け豚肉

保存期間
冷蔵庫で1週間

材料（作りやすい分量）

豚バラ肉ブロック……………………500g
塩……………………………………10g
香草（ローズマリー、ローリエなど）……少々
粗びき黒こしょう……………………少々

作り方

1 豚肉はフォークで何箇所か穴をあける。

2 1に塩をよくもみ込み、香草をのせてこしょうをふる。

3 2をラップに包んで冷蔵庫で約1週間ねかせる。

煮込み料理に入れると旨みを含んで最高の味

塩豚のレンズ豆煮込み

32ページの
「塩漬け豚肉」で

材料（4人分）

- 塩豚……500g
- 玉ねぎ……1/2個
- にんじん……1/2本
- じゃがいも……1個
- レンズ豆……200g
- サラダ油……大さじ1
- 塩、こしょう……各少々

作り方

1. 塩豚は4等分にしてなべに入れ、水をかぶるくらいまでそそいで強火にかける。煮立ったら弱火にして約30分煮る。
2. 玉ねぎ、にんじん、じゃがいもはそれぞれ1cm角に切る。
3. なべを熱してサラダ油を入れ、2を中火でさっと炒める。
4. 3に1をゆで汁ごと加え、レンズ豆も入れて約20分煮る。塩、こしょうで味をととのえる。

ゆで豚
焼き豚

ゆで豚や焼き豚があれば、
ボリュームサラダやメインの料理に重宝

ゆで豚＆焼き豚

保存期間

ゆで豚は冷蔵庫で３～４日
焼き豚は冷蔵庫で約１週間

材料（作りやすい分量）

【ゆで豚】

豚ロース肉（かたまり）……………… 400g
酒 …………………………………… 大さじ３
水 ……………………………………… 適量
長ねぎ ………………………………… 少々
しょうがの薄切り …………………… 少々
粉ざんしょう ………………………… 少々

【焼き豚】

豚肩ロース肉（かたまり）…………… 300g
長ねぎ ………………………………… 少々
しょうがの薄切り …………………… 少々
水 …………………………… 1/2カップ
サラダ油 …………………………… 大さじ２
漬け汁
　しょうゆ ………………………… 大さじ２
　砂糖 ……………………………… 大さじ２
　酒 ………………………………… 大さじ１

ゆで豚の作り方

① 豚ロース肉を深さのあるなべに入れ、酒を加えて強火にかけ、アルコール分をとばし、汁がすっかりなくなるまで約３分煮る。

② ①に肉が半分ひたるくらいの水をそそぎ、長ねぎ、しょうが、粉ざんしょうを加え、落としぶたをして煮る。火加減は中火よりやや弱くし、水がほとんどなくなり、竹ぐしで刺してみて、赤い汁がにじみ出なければ、中まで火が通っている証拠。

③ なべから②をとり出して、氷水に入れ、急激に冷やせば出来上がり。容器に入れて冷蔵庫で保存する。

※ゆで豚に使う肉は、ロース肉を選ぶと仕上がりがしっとりして白く仕上がる。

焼き豚の作り方

① 豚肉は下味がしみ込みやすいように、フォークか菜ばしなどでつついて、多めに穴をあける。

② 漬け汁に①を入れ、長ねぎ、しょうがを加えて、２時間から半日ぐらい下味をつける。途中何回か肉をひっくり返す。

③ 肉をとり出し、たこ糸で端からぐるぐる巻いて形を棒状に整え、巻き終わりはほどけないようにしっかり結んでおく。

④ ③をなべに入れ、②の漬け汁と水をそそいで落としぶたをし、なべのふたもして、初めは強火、沸とうしたら中火よりやや弱めにして約20分煮込む。

⑤ 煮つまったら肉をとり出して冷まし、たこ糸をはずす。

⑥ フライパンにサラダ油を熱し、周囲に焦げ目がつくように焼く。

⑦ ⑥が冷めたらラップに包んで冷蔵庫で保存する。

干物を作るには、晴天で少し風のある日を選んで

あじの干物

保存期間
冷蔵庫で2～3日
冷凍庫で2～3週間

材料（作りやすい分量）

あじ……………………………………4尾
水……………………………1/2カップ
塩……………………あじの重さの3％強

作り方

1. 新鮮なあじを買う。胸びれの下に包丁を入れ、中骨にそって尾まで切り開き、腹わたとエラをとる。
2. ❶を薄い塩水でさっと洗って水けをふく。
3. バットに水と塩を入れ、開いたあじを並べて、返しながら約10分おく。
4. 水けをふきとって小物干しにつるし、天日で1時間半～5時間干す。

※冷凍するときは、ラップに包み、その上からさらにアルミホイルで包んでから冷凍すると良い。

魚を塩で味つけし、ごまをふりかけて干せば文化干しに

さばの文化干し

保存期間
冷蔵庫で2～3日
冷凍庫で約2週間

材料（作りやすい分量）

- さば……1尾
- 水……1ℓ
- 塩……180g
- 白いりごま……適量

作り方

1. さばの頭を落とし、腹側と背側から中骨にそって包丁を入れ、身を切りはなす（片方は骨付き）。
2. ❶の中骨付きの身を、もう一度おろして、身2枚と中骨の計3枚にする（3枚おろし）。
3. 水に塩を加えた濃い塩水に3枚におろしたさばを1時間ひたす。
4. さばをとり出して軽く塩水をきり、乾かないうちにごまをまぶす。
5. ❹を風通しの良い、日の当たるところで半日干す。

冷凍するときは、ラップとアルミホイルで包んで

さんまの丸干し

保存期間
冷蔵庫で2～3日
冷凍庫で約2週間

材料（作りやすい分量）

さんま ……………………………… 5～10尾
水 ………………………………………… 1ℓ
塩 ……………………………………… 100g

作り方

1. さんまは腹の下に包丁を入れて、腹わたをとり除く。
2. 薄い塩水で1を洗う。特に腹の中はていねいに洗い、水けをふく。
3. 水に塩をとかして10%の濃い塩水を作り、さんまを20～30分ひたしておく。
4. 風通しの良いところで半日くらい干す。

いわし、めばる、かじきまぐろなどでも作れる

さんまのみりん干し

保存期間
冷蔵庫で2～3日
冷凍庫で約2週間

材料（作りやすい分量）

さんま……………………………… 2尾
しょうゆ………………………… 大さじ3
みりん…………………………… 大さじ3
塩…………………………………… 適量

作り方

1. さんまは背開きにして、海水ぐらいの濃い塩水で洗ってざるに上げ、水けをよくふく。
2. みりん、しょうゆを合わせて弱火で3分煮てたれを作り、粗熱をとる。さんまを30分漬けておく。
3. 2の汁けをきって、天日で4時間～半日干す。

栄養価豊富ないわしを骨まで食べられるようにした一品

オイルサーディン

保存期間
冷蔵庫で約２週間

材料（作りやすい分量）

しこいわし（新鮮なもの）……………300g
塩………………………………………適量
玉ねぎ…………………………………１個
にんじん………………………………１本
ローリエ………………………………２枚
粒黒こしょう………………………６～７粒
赤とうがらし………………………1/2本
サラダ油………………………………適量

作り方

1. いわしは包丁で頭を切りおとし、手で内臓をとる。
2. ❶のいわしをざるに並べてたっぷりと塩をふり、魚の大きさにより45分～１時間おく。
3. 玉ねぎは薄切り、にんじんは２mm幅の輪切りにする。
4. ❷のいわしをざっと洗って水けをふく。
5. 耐熱容器に❸の野菜を少量広げ、その上にいわしを並べ、また野菜をのせていわしを並べ、一番上は野菜でおおい、ローリエ、粒黒こしょう、赤とうがらしを散らす。
6. ❺の上から野菜がひたるくらいたっぷりサラダ油をそそいでふたをし、蒸し器で１～２時間蒸す。小骨までやわらかくなれば出来上がり。
7. よく冷まし、油がすっかりかぶさるようにして冷蔵庫で保存する。

酒粕と魚の相乗効果で味は抜群！

たいの粕漬け

保存期間
冷蔵庫で
食べごろから3～4日

材料（作りやすい分量）

たいの切り身 ……………………… 4切れ
塩 ………………………………………… 15g
粕床
- 酒粕 ……………………………… 400g
- 焼酎または酒 …………………… 150mℓ
- みりん …………………………… 50mℓ
- 塩 ………………………………… 小さじ2

作り方

1. たいは、ざるにのせて塩をまぶし、20～30分おいて、水けをふきとる。
2. 酒粕を細かくちぎってすり鉢に入れ、みりん、塩、焼酎（または酒）を加えてしばらくおき、粕がやわらかくなったらすりこ木でよくすり混ぜる。
3. ふた付きの容器に❷の粕床をしき、その上に❶のたいを重ならないように粕床と交互に漬け込み、一番上にラップをしてふたをし、冷蔵庫で保存する。2～3日後が食べごろ。

※粕床は火にかけて練り直せば3～4回は使える。

魚をみそ漬けにする場合は少し甘めのみそを使って

さわらのみそ漬け

保存期間
冷蔵庫で
食べごろから３～４日

材料（作りやすい分量）

さわらの切り身 …… ４切れ
塩 …… 10g
みそ床
- みそ …… 400g
- みりん …… 大さじ４
- 砂糖 …… 80g
- 酒粕 …… 50g

作り方

1. みそ床の調味料を合わせる。
2. さわらは、ざるにのせて塩をまぶし、２～３時間おく。
3. ❷の水けをふきとり、ふた付きの容器に❶のみそ床をしき、魚をおいて上にみそ床をのばす。
4. ❸の上にラップをしてふたをし、冷蔵庫で保存する。翌日ぐらいが食べごろ。

※みそ床は火にかけて練り直せば３～４回は使える。

アツアツの白いごはんに良く合うおいしさ

鮭フレーク

保存期間
冷蔵庫で１週間

材料（作りやすい分量）

- 生鮭……………………………… ２切れ
- Ⓐ 酒…………………………… 大さじ１
- Ⓐ しょうゆ…………………… 小さじ１
- Ⓐ みりん……………………… 小さじ１
- 白いりごま…………………… 大さじ１

作り方

1. 鮭はグリルで両面焼き、皮と骨をとり除いて粗くほぐす。
2. なべに❶とⒶを入れて弱火にかけ、４～５本の菜ばしを使って細かくなるように混ぜながら炒る。
3. ❷に白いりごまを加え、軽く混ぜる。

ほんのりピンク色で料理を華やかに彩る

鯛のでんぶ

保存期間
冷蔵庫で２週間

材料（作りやすい分量）

鯛……150g
食紅……少々
Ⓐ 酒……小さじ2
Ⓐ 砂糖……小さじ2
Ⓐ 塩……少々

作り方

1. 沸とうした湯で鯛をゆでて火を通し、ざるに上げて冷ます。
2. ❶の皮と骨をとり、手で細かくほぐす。
3. ❷をすり鉢に入れてよくすり、水でといた食紅を少しずつ入れて色をつける。
4. ❸をなべに移して弱火にかけ、４～５本の菜ばしを使って絶えずかき混ぜながら炒りつける。Ⓐを加えてよく混ぜ合わせ、さらっとしてきたら出来上がり。

くん製ならではの香りが酒の肴にはもってこい

いかのくん製

保存期間
冷蔵庫で2～3日

材料（作りやすい分量）

やりいか ………………………………… 2杯
塩 ………………………………… 大さじ1
サラダ油 …………………… 大さじ2と1/2
グラニュー糖 ………………… カップ1/2
番茶 ……………………………… カップ2/3
ローリエ ……………………………… 2～3枚

作り方

1. いかは、足と腹わたを抜きとって胴とえんぺらの皮をむき、水けをふく。塩を全体にまぶして30分くらいおいてから、えんぺらのほうに金ぐしを刺し、風通しの良いところで3～4時間干す。
2. 大きめのフライパンを熱して、サラダ油大さじ2を入れ、グラニュー糖、番茶の順に平らに敷きつめ、上にローリエをのせる。
3. ❷の上に金網をおき、いかの表面に薄くサラダ油大さじ1/2を塗って並べる。
4. ぴったりとふたをして、最初はやや強火で、煙が出はじめたら弱火にし、約5～7分くん製にする。
5. 煙が出なくなったらざるにとり出し、天日で半日ぐらい干して乾かす。

下味をつけて外で半日干すだけで一夜干しの完成

いかの一夜干し

保存期間

ラップに包んで
冷蔵庫で2〜3日、
冷凍庫で3週間

材料（作りやすい分量）

いか……2杯

Ⓐ
- 水……1カップ
- 酒……大さじ1
- みりん……小さじ1/2
- 塩……小さじ2

作り方

1. いかは足と腹わたを抜き、胴は軟骨をはずして切り開いて皮をむき、足は目の下で切って水けをふく。
2. バットに❶を並べてⒶを入れ、時々返しながら約30分おく。
3. ❷の水けをふいて、風通しの良い日陰に約8時間干す。
4. ❸をラップに包んで冷蔵庫か冷凍庫で保存する。

Part 3 常備菜

根菜類が豊富だから献立のバランスがとれる

五目煮豆

保存期間
冷蔵庫で3〜4日

材料（作りやすい分量）

大豆……2カップ
ごぼう、にんじん、れんこん、
こんにゃくの刻んだもの……各1/2カップ
昆布……20〜30cm
Ⓐ
しょうゆ……大さじ4
砂糖……大さじ3
みりん……大さじ2
塩……少々
酢……少々

作り方

1. 大豆をよく洗ってなべに入れ、大豆の重さの2倍の水（分量外）を入れ、ひと晩おく。
2. 大豆が十分にふくらんだら、そのまま弱火でアクをとりながら、途中、水が少なくなったら足して、やわらかくなるまで煮る。
3. ごぼう、にんじん、れんこん、こんにゃく、昆布は1cm角に切る。ごぼうとれんこんは切ったらすぐに酢水に漬けてアクをぬく。
4. ❷の大豆に、❸とⒶを加えて弱火で時々かきまぜながら、汁けがほとんどなくなるまで煮る。

ひじきは鉄分が豊富なので女性におすすめ

ひじきの煮物

保存期間
冷蔵庫で3〜4日
冷凍庫で1カ月

材料（作りやすい分量）

- ひじき（乾燥）……20g
- にんじん……1/3本
- 長ねぎ……1/4本
- 油揚げ……1枚
- Ⓐ
  - だし汁……1カップ
  - しょうゆ……大さじ3
  - みりん、酒……各大さじ2
- サラダ油……大さじ1

作り方

1. ひじきは水につけてもどし、水けをきる。
2. 油揚げは熱湯をまわしかけ、縦半分に切ってから5mm幅に切る。
3. にんじんはせん切り、長ねぎは小口切りにする。
4. なべを熱してサラダ油を入れ、1を炒めて油がまわったら、2と3を加えてさっと炒める。
5. 4にⒶを加え、中火で約10分煮る。

※冷凍する場合は、冷凍用密閉袋に小分けにして入れると使うときに便利。

すっきりとした後味。お茶漬けにして食べても

しょうがの佃煮

保存期間
冷蔵庫で２週間

材料（作りやすい分量）

しょうが……100g

Ⓐ
- 水……1/2カップ
- しょうゆ、はちみつ……各大さじ2
- 酒……大さじ1
- 砂糖……小さじ2

作り方

1. しょうがは皮をむき、薄切りにして水にさらしておく。
2. なべに❶とⒶを入れて弱火にかけ、汁けがなくなるまで煮る。

圧力なべで作るから、短時間で手軽にできる

黒 豆 煮

保存期間
冷蔵庫で3〜4日
冷凍庫で1カ月

材料（作りやすい分量）

黒豆……250g
水……6カップ
砂糖……200g
しょうゆ……大さじ1
塩……小さじ1/3

作り方

1. 黒豆は洗って水けをきる。
2. 圧力なべに❶と残りの材料をすべて入れ、ひと晩おく。
3. 圧力なべを強火にかけ、おもりがまわり始めたら弱火にして20分火にかけ、火をとめて10分おく。
4. ❸のふたを開け、弱火で約10分煮つめる。

※冷凍する場合は、冷凍用密閉袋に小分けにして冷凍すると、食べたい量だけ解凍できて便利。

気長に煮るのが、しいたけをやわらかくするコツ

しいたけ昆布

保存期間
冷蔵庫で2週間

材料（作りやすい分量）

- 昆布……50g
- 干ししいたけ……10枚
- 水……2カップ
- しょうゆ……1カップ
- みりん……1/3カップ
- 酢……大さじ2

作り方

1. 昆布はぬれ布巾で汚れをふき、2cm角に切る。干ししいたけは水2カップ（分量外）でもどす。もどし汁はとっておく。
2. なべに昆布と水、酢を入れて落としぶたをして約1時間漬ける。
3. もどしたしいたけは石づきをとり、半分にそぎ切りにする。
4. ❷に、❸としいたけのもどし汁1カップ、しょうゆ、みりんを加えて火にかけ、沸とうしたらアクをとり、弱火でほとんど煮汁がなくなるまで約2時間煮る。

長ねぎのマリネ

豆のマリネ

長ねぎはじっくりと甘みが出るように焼いて。
豆は缶詰を使って下処理いらず

長ねぎのマリネ＆豆のマリネ

保存期間
長ねぎのマリネは冷蔵庫で３～４日
豆のマリネは冷蔵庫で１週間

材料（作りやすい分量）

【長ねぎのマリネ】

- 長ねぎ……４本
- オリーブオイル……大さじ３
- レモン汁……1/2個分
- 赤とうがらし……１本
- 塩……適量

【豆のマリネ】

- ミックスビーンズ（缶詰）……200g
- 玉ねぎ……1/4個
- Ⓐ
  - 酢……大さじ4
  - レモン汁……1/2個分
  - サラダ油……大さじ4
  - 塩……小さじ1/2

長ねぎのマリネの作り方

1. 長ねぎは４cm長さに切る。
2. フライパンを熱してオリーブオイル大さじ１を入れ、長ねぎをじっくりと焼いて塩をふる。
3. 熱いうちに❷を器に入れ、レモン汁、赤とうがらし、残りのオリーブオイルを加える。
4. ❸の粗熱がとれたら、冷蔵庫で保存する。

豆のマリネの作り方

1. 玉ねぎはみじん切りにする。ボウルに玉ねぎとⒶを入れ、よく混ぜ合わせる。
2. 豆は熱湯でさっとゆでて水けをきる。
3. ❶に❷を入れ、軽く混ぜ合わせる。
4. ❸を器に入れ、冷蔵庫で保存する。

しょうゆを入れるのが味の秘訣

マッシュルームのマリネ

保存期間
冷蔵庫で3～4日

材料（作りやすい分量）

マッシュルーム……………………2パック

Ⓐ
- オリーブオイル………………大さじ4
- 酢…………………………大さじ2
- レモン汁…………………1/2個分
- しょうゆ……………………大さじ1
- 塩……………………………少々
- にんにくのみじん切り…………1片分
- パセリのみじん切り………………少々

作り方

1. マッシュルームは石づきをとり、熱湯でさっとゆでる。
2. ボウルにⒶを入れてよく混ぜ、❶を漬ける。
3. ❷を器に入れ、冷蔵庫で保存する。

パプリカは心配になるくらい真っ黒焦げに焼いて

パプリカのマリネ

保存期間
冷蔵庫で1週間

材料（作りやすい分量）

パプリカ（赤・黄）…………………… 各2個

Ⓐ
- オリーブオイル …………… 1/4カップ
- 白ワインビネガー ………… 1/4カップ
- 粒マスタード ………………… 大さじ1
- 塩 ………………………… 小さじ1/2

作り方

1. パプリカは縦半分に切る。種をとってグリルで焦げるまで焼いてから水に入れて皮をむき、1cm幅に切る。
2. ボウルにⒶを入れてよく混ぜ、❶を漬ける。
3. ❷を器に入れ、冷蔵庫で保存する。

オイル漬けにしておけば、パスタやピザの具に重宝

ドライトマトのオイル漬け

保存期間
常温で約１カ月

材料（作りやすい分量）

ミニトマト……300g
塩……適量
ドライバジル、ドライオレガノ……各適量
オリーブ油……適量

作り方

❶ ミニトマトは洗ってへたをとり、縦半分に切る。

❷ 切り口を上にして塩をふり、120度のオーブンで約40分焼いて、そのままひと晩おく。

❸ 煮沸消毒したびんに、❷とドライバジル、ドライオレガノを入れて、ひたひたにオリーブ油をそそぎ、ふたをぴったりと閉めて冷蔵庫で保存する。

酒の肴や肉料理のつけ合わせ、サンドイッチにも合う

きゅうりのピクルス

保存期間
冷蔵庫で約３カ月

材料（作りやすい分量）

- きゅうり……500g
- 塩……25g
- ピクルス液
  - 酢……1と1/2カップ
  - 砂糖……1/2カップ
  - 水……100mℓ
  - 赤とうがらし……1本
  - ローリエ……1枚

作り方

1. きゅうりは洗って、保存する容器の大きさに合わせて切る。塩（分量外）でよくもんでしばらくおき、水が出たら水けをよくきり、一度洗ってよく水けをふいておく。
2. なるべく角型の容器に、きゅうりに塩をまぶしながら並べ、一番上に残りの塩をふり、よび水としてカップ100mℓの水（分量外）を容器の縁からそそぐ。
3. きゅうりと同じ重さの重しをして２～３日下漬けする。
4. ピクルス液の砂糖、水、赤とうがらし、ローリエを合わせてひと煮立ちさせ、酢を加えて冷ます。
5. 煮沸消毒したびんに③を入れ、④を縁から静かにそそぎ、２～３日おいて出来上がり。

カレーの風味とお酢の酸味が食欲をそそる味

カリフラワーのカレーピクルス

保存期間
冷蔵庫で1週間

材料（作りやすい分量）

カリフラワー……1個

Ⓐ
- 酢……1/2カップ
- 砂糖……大さじ4
- 塩……小さじ2
- カレー粉……小さじ1

作り方

1. カリフラワーは小房に分けて熱湯でゆで、水けをきる。
2. 器にⒶを入れて混ぜ合わせ、❶を加えて冷蔵庫で保存する。

栄養豊富な根菜をたっぷり入れたヘルシーな一品

根菜のピクルス

保存期間
冷蔵庫で1週間

材料（作りやすい分量）

れんこん …………………………… 100g
にんじん …………………………… 1/2本
ごぼう ……………………………… 2/3本
かぶ ………………………………… 2個

Ⓐ
- 酢 ………………………… 1カップ
- 水 ………………………… 1/2カップ
- 砂糖 ……………………… 大さじ1
- 塩 ………………………… 小さじ1
- ローリエ ………………… 1枚
- 粒黒こしょう …………… 4〜5粒
- 赤とうがらし …………… 1本

作り方

1. れんこん、にんじんは4cm長さに切って縦6等分に切り、ごぼうは4cm長さに切って縦半分に切る。それぞれさっとゆでる。
2. かぶは、葉を根元から約1cm残して切る。皮をむいて8等分にする。
3. なべにⒶを入れてひと煮立ちさせる。
4. ❶と❷を器に入れ、❸を加えて冷蔵庫で保存する。

酸味がほど良くしみたキャベツは、くせになる味

キャベツのザワークラウト

保存期間
冷蔵庫で２週間

材料（作りやすい分量）

キャベツ、玉ねぎ……………………各1/2個
塩………………………………………大さじ2
Ⓐ
白ワインビネガー……………1/2カップ
塩……………………………小さじ1/2
砂糖…………………………………少々

作り方

1. キャベツはせん切り、玉ねぎは薄切りにする。塩をふってよく混ぜ合わせ、約10分おく。
2. ❶の水けをしっかりときる。
3. 密閉容器にⒶを入れて混ぜ合わせ、❷を加えて冷蔵庫で保存する。

昆布や赤とうがらし、レモンを入れて風味良く

玉ねぎの甘酢漬け

保存期間
冷蔵庫で1〜2週間

材料（作りやすい分量）

- 玉ねぎ …… 1個
- レモン …… 1/2個
- 昆布 …… 5cm角1枚
- 赤とうがらしの小口切り …… 2本分
- Ⓐ
  - 酢 …… 1カップ
  - 砂糖 …… 大さじ3
  - 塩 …… 小さじ1/3

作り方

1. 玉ねぎはざく切りにする。
2. なべにⒶを入れてひと煮立ちさせる。
3. レモンは薄切りの半月切り、昆布は1cm角に切る。
4. 密閉容器に❶と❸、赤とうがらしを入れ、❷をそそいで冷蔵庫で保存する。

サーモンのムース
アボカドのディップ

生クリーム入りのサーモンムースと
タバスコをきかせたアボカドディップはパンと一緒に

サーモンのムース＆アボカドのディップ

保存期間
どちらも
冷蔵庫で2〜3日

材料（作りやすい分量）

【サーモンのムース】

スモークサーモン	80g
生クリーム	1/3カップ
こしょう	少々

【アボカドのディップ】

アボカド	1個
レモン汁	1/2個分
マヨネーズ	大さじ1
タバスコ	2〜3滴
塩、こしょう	各少々

サーモンのムースの作り方

1. サーモンは、フードプロセッサーかすり鉢で細かくなるまですり、こしょうを入れる。
2. 1に生クリームを少しずつ入れ、よく混ぜ合わせる。
3. 2を密閉容器に入れ、冷蔵庫で保存する。

アボカドのディップの作り方

1. アボカドは皮をむいて種をとり、ボウルに入れてフォークなどでよくつぶす。
2. 1にレモン汁、マヨネーズ、タバスコ、塩、こしょうを入れて混ぜる。
3. 2を密閉容器に入れ、冷蔵庫で保存する。

肉は、すりこ木などで軽くたたくとやわらかく仕上がる

豚肉の南蛮漬け

保存期間
冷蔵庫で3～4日

材料（作りやすい分量）

豚ヒレ肉	200～300g
塩、こしょう、かたくり粉	各少々
漬け液	
みりん	大さじ2
酒	50mℓ
しょうゆ	少々
酢	50～100mℓ
赤とうがらし	1本
揚げ油	適量
レモンスライス	4～5枚
針しょうが	少々

作り方

1. 豚ヒレ肉は1cmの厚さに切り、びんかすりこ木などで軽くたたいて薄くのばし、塩、こしょうをする。
2. みりんと酒を煮立ててアルコール分をとばし（煮きり）、熱いうちに赤とうがらしを入れ、冷めたら、しょうゆと酢を加えて漬け液を作る。
3. ❶の肉にかたくり粉をつけ、余分な粉ははたき落とし、なるべくきれいな油で揚げる。火加減はやや強火で。
4. ❸の肉をバットに並べ、熱いうちに❷の漬け液をジュッとかけ、上にレモンスライス（ゆずの皮などでも）と針しょうがを散らす。
5. 3～4時間経つと味がしみ込む。

アクをていねいにとるのがポイント

牛肉のしょうが煮

保存期間
冷蔵庫で約1週間

材料（作りやすい分量）

牛こま切れ肉 ……………………… 300g
しょうが ………………………… 1かけ
水 ……………………………… 2/3カップ
しょうゆ ………………………… 大さじ4
酒 ……………………………… 大さじ2
みりん …………………………… 大さじ1

作り方

❶ しょうがは皮をむいて薄切りにし、水（分量外）に5～6分漬けておく。

❷ なべを熱し、牛肉を入れてから炒りし、脂肪がとけたら❶と水を加える。

❸ ❷が煮立ったら、火を弱めて、浮いてくるアクをていねいにすくい、しょうゆ、酒、みりんを入れて中火で煮る。煮汁がほとんどなくなるまで、焦がさないように煮つめる。

血抜きをしっかりすると、よりおいしく

レバーの甘辛煮

保存期間
冷蔵庫で3～4日

材料（作りやすい分量）

- 鶏レバー …… 200g
- Ⓐ
  - 長ねぎの青い部分 …… 1本分
  - しょうがの皮 …… 1かけ分
- 玉ねぎ …… 1/2個
- サラダ油 …… 大さじ1
- Ⓑ
  - 水 …… 1カップ
  - 酒、しょうゆ …… 各大さじ2
  - 砂糖 …… 大さじ1
  - おろししょうが …… 小さじ2

作り方

1. ボウルにレバーと水を入れ、2～3回水をかえて血抜きをして一口大に切る。
2. 玉ねぎはみじん切りにする。
3. なべに❶とⒶ、かぶるくらいの水を入れて下ゆでし、水けをきる。
4. 別のなべを熱してサラダ油を入れ、❷を中火で炒めてしんなりしたら❸を加えてさっと炒める。Ⓑを加え、弱火で煮汁がなくなるまで煮る。

ひき肉と野菜をじっくり炒めて、おいしさを引き出して

ミートソース

保存期間
冷蔵庫で2～3日
冷凍庫で1カ月

材料（作りやすい分量）

合いびき肉……400g
玉ねぎ……1/2個
にんじん、セロリ……各1/2本
にんにく……1片
トマト水煮缶……1カップ
赤ワイン……1/2カップ
トマトケチャップ……大さじ1
ローリエ……1枚
塩……小さじ1
こしょう……少々
オリーブオイル……大さじ1

作り方

1. 玉ねぎ、にんじん、セロリ、にんにくはみじん切りにする。
2. なべを熱してオリーブオイルを入れ、にんにくを弱火で炒めて香りが出たら、玉ねぎ、にんじん、セロリを加えてさらに炒める。
3. 野菜がしんなりしたら合いびき肉を加えてパラパラになるまで中火で炒める。
4. ❸に赤ワインを入れてひと煮立ちしたら、トマト水煮缶とローリエを加え、弱火で約10分煮る。
5. ❹にトマトケチャップを入れて塩、こしょうで味をととのえる。
6. ❺の粗熱がとれたら、密閉容器に入れて冷蔵庫で保存する。または冷凍用密閉袋などに入れ、冷凍庫で保存する。

常備菜を使ってスピードおかずの出来上がり

タコライス

70ページの「ミートソース」で

材料（4人分）

- ミートソース …… 300g
- レタス …… 4枚
- きゅうり …… 1本
- トマト …… 1個
- ピザ用チーズ …… 40g
- ごはん …… 茶碗4杯分

作り方

1. レタスは細切りにする。
2. きゅうりは縦半分に切ってから斜め薄切り、トマトは1cm角に切る。
3. 器にごはんを盛りつけてあたためたミートソースをのせ、まわりに❶と❷を飾ってチーズを散らす。

かぼちゃ、ミートソース、チーズの相性は抜群

かぼちゃのミートグラタン

70ページの「ミートソース」で

材料（4人分）

かぼちゃ ································ 1/4個
ミートソース ···························· 200g
ピザ用チーズ ···························· 50g
パセリのみじん切り ····················· 少々

作り方

1. かぼちゃは5mm厚さのくし形に切る。
2. かぼちゃを耐熱皿にのせ、ラップをして電子レンジで2分加熱する。
3. 耐熱容器に❷を並べてミートソースをかけ、チーズをのせてオーブントースターで焦げ目がつくまで焼き、仕上げにパセリを散らす。

鮭はマリネにすると長持ち。
野菜もたくさんとれるのがうれしい

鮭のマリネ

保存期間
冷蔵庫で3〜4日

材料（作りやすい分量）

鮭の切り身……………………………4切れ
玉ねぎ……………………………1/2個
ピーマン……………………………2個
レモン……………………………1/2個
にんじん……………………………1/3本
塩、こしょう……………………………各少々
小麦粉……………………………1/2カップ
サラダ油……………………………適量

マリネ液
- 酢……………………………1/2カップ
- 砂糖……………………………大さじ1
- 塩……………………………小さじ1
- こしょう……………………………少々
- ローリエ……………………………1枚
- サラダ油……………………………1/3カップ

作り方

1. 鮭は一口大に切って塩、こしょうする。
2. 玉ねぎとピーマン、レモンは薄切り、にんじんはせん切りにする。
3. 器にマリネ液を合わせて砂糖をとかし、❷の野菜を入れて混ぜ合わせる。
4. ❶に小麦粉をまぶして油で揚げ、熱いうちに❸に漬ける。

自家製なら無添加のさつま揚げが食べられる。
揚げたてが最高の味！

さつま揚げ

保存期間
揚げる前は冷凍庫で１週間
揚げた後は冷蔵庫で２～３日

材料（約10個分）

- あじ（中）……………………………… 4尾
- Ⓐ
  - 酒………………………………… 大さじ1
  - 砂糖……………………………… 大さじ1
  - しょうが汁……………………… 小さじ1
  - 塩……………………………………… 少々
- かたくり粉……………………… 大さじ2
- 揚げ油…………………………………… 適量

作り方

1. あじは３枚におろして、骨と皮を除いて包丁で細かく切る。
2. フードプロセッサーに❶とⒶを入れて10秒かけ、かたくり粉を加えてさらに10秒かける（フードプロセッサーがない場合はすり鉢でする）。
3. ❷を10等分にして小判形に形づくる。
4. 160～170度の中温の油で、❸をうっすらと色づくまで揚げる。

※冷凍庫で保存する場合は、揚げる前にラップに包んで保存を。

貝類は、長時間煮ると身がしまってかたくなるから注意して

あさりのしぐれ煮

保存期間
冷蔵庫で4〜5日

材料（作りやすい分量）

あさりのむき身……………………300g
しょうが……………………………20g
しょうゆ…………………………大さじ4
みりん……………………………大さじ1
砂糖……………………大さじ1と1/2
酒…………………………………大さじ2
塩…………………………………少々

作り方

1. あさりのむき身はざるに入れて薄い塩水の中で軽くふり洗いをして砂を落とし、さっと水洗いして水けをよくきる。
2. しょうがは皮をむいてごく細いせん切りにする。
3. 浅いなべに、しょうゆ、みりん、砂糖、酒を入れて強火で煮立て、❶、❷を入れてかき混ぜながら、あさりがぷくっとふくらむまで煮て火からおろす。そのまま冷ましてあさりに味を含ませる。
4. 別のなべに、❸の煮汁だけをうつし、火にかけて煮汁が1/2量ぐらいになるまでとろりと煮つめ、あさりを加えて照りよく煮からめる。
5. ❹を容器に入れて冷蔵庫で保存する。

Part 4 調味料・ソース

81

82

83

84

86

88

90

91

92

93

94

95

1カ月で完成する本当に簡単なスピードみそ

みそ

保存期間
冷蔵庫で約半年

材料（出来上がり1kg分）

- 大豆水煮缶……450g
- 米麹……400g
- 塩……80g
- 水……150mℓ
- ビニール袋……1枚

作り方

1. ボウルに米麹と塩を入れてよく混ぜ合わせる。
2. なべに大豆と水を入れて火にかけ、3～4分煮る。
3. ❷をボウルにうつして、つぶがなくなるまでフォークなどでつぶす。
4. ❶に❸を入れてよく混ぜる。
5. ビニール袋に❹を入れて空気を抜きながら平らにして口をしめ、風通しの良い場所におく。
6. 最初の2週間は❺を毎日もむ。水分が出てしっとりしてきたら4～5日おきによくもんでなじませる。
7. 約1カ月で食べられる。

煮物などにも使えるお役立ち調味料

めんつゆ

保存期間
冷蔵庫で1週間

材料（作りやすい分量）

水……………………………… 2カップ
かつお節…………………………… 30g
昆布………………………………… 10g
しょうゆ、みりん……………… 各1/2カップ

作り方

1. なべに材料をすべて入れて強火にかけ、煮立ったあと3〜4分煮て火をとめ、粗熱をとる。
2. ボウルの上にざるをのせ、ペーパータオルを敷き、❶を静かに流し入れてこす。
3. ❷をびんや密閉容器に入れ、冷蔵庫で保存する。

すだちの香りがさわやか。煮物にも

ポン酢

保存期間
冷蔵庫で２週間

材料（作りやすい分量）

すだち（ゆず、かぼすでも）の
しぼり汁……………………………1カップ

Ⓐ
- しょうゆ……………………… 1カップ
- 酢……………………………… 2/3カップ
- みりん………………………… 大さじ4
- 昆布…………………………… 5cm角1枚

かつお節……………………………10g

作り方

1. なべにⒶを入れて火にかけ、ひと煮立ちしたらかつお節を入れて火をとめる。
2. ボウルの上にざるをのせ、ペーパータオルを敷き、❶を静かに流し入れてこす。
3. ❷にすだちのしぼり汁を加えて混ぜる。
4. ❸の粗熱がとれたら、びんや密閉容器に入れ、冷蔵庫で保存する。

薬味や松の実、干しえびなどをたっぷり入れておいしさを凝縮！

具だくさんラー油

保存期間
冷蔵庫で２週間

材料（作りやすい分量）

にんにく、しょうが……各30g
長ねぎ……１本
松の実……20g
干しえび……10g
フライドオニオン（市販品）……20g

Ⓐ
白すりごま……大さじ１
赤とうがらし粉……大さじ１
豆板醤……小さじ１
コチュジャン……小さじ１
赤とうがらしの小口切り……３本分
水……大さじ１

サラダ油……1/3カップ
ごま油……1/2カップ

作り方

1. にんにく、しょうが、長ねぎはみじん切りにする。
2. ボウルにみじん切りにした松の実と干しえびを入れ、Ⓐを加えて混ぜ合わせる。
3. なべにサラダ油とごま油、❶を入れて弱火にかけ、ゆっくりと火を通してきつね色になったら❷に加える。
4. ❸の粗熱がとれたら、フライドオニオンを加える。
5. ❹をびんや密閉容器に入れ、冷蔵庫で保存する。

2週間で使いきれる量を作るのがコツ。
焼いた肉や魚、蒸し野菜にも

食べるオリーブオイル

保存期間
冷蔵庫で1～2週間

材料（作りやすい分量）

にんにく	1片
オリーブ（黒・緑）	各6粒
アンチョビ	5g
ドライトマト	10g
スライスアーモンド	10g
ドライバジル	小さじ1/2
オリーブオイル	大さじ4

作り方

❶ にんにくはみじん切りにする。

❷ オリーブとアンチョビ、ドライトマトはみじん切りにする。

❸ スライスアーモンドはオーブントースターで焦げ目がつくまで焼き、手で細かくする。

❹ フライパンにオリーブオイルを熱し、❶を弱火で焦げ目がつくまで炒める。

❺ ボウルに❷、❸とドライバジルを入れ、❹をそそぐ。

❻ ❺の粗熱がとれたら、びんや密閉容器に入れ、冷蔵庫で保存する。

トマトソース
DIAMETRO 70

トマトソースは完熟トマトを使って作るのが一番おいしい

トマトソース

保存期間
冷蔵庫で2～3日
冷凍庫で約1カ月

材料（作りやすい分量）

完熟トマト	1.5kg
玉ねぎ	1と1/2個
セロリ	1茎
にんじん	1本
ピーマン	2～3個
トマトピューレ	200g
トマトジュース缶	400g
ミックスハーブ	少々
バター	大さじ3
塩、こしょう	各適量

作り方

1. トマトは湯むきして縦半分に切り、種の部分を除いてざく切りにする。種の部分はこしてジュースをとる。
2. 玉ねぎ、セロリ、にんじん、ピーマンはみじん切りにして、バターをとかしたなべで炒める。
3. 野菜がきつね色になったら❶とトマトピューレ、トマトジュースを加え、ミックスハーブを入れて、とろとろになるまで煮つめる。
4. ❸を裏ごしするか、ミキサーにかけてすりつぶす。
5. もう1度、目の細かい裏ごし器にかける。
6. ❺をもう1度火にかけ、塩とこしょうで味をととのえ、とろりとするまで煮つめる。
7. ❻を冷ましたら、1回に使う分ずつビニール袋に入れて冷凍するか、煮沸消毒したびんに入れて脱気（3ページ参照）し、冷蔵庫で保存する。

和、洋、中、どんな味にもよく合うおいしさ

塩　麹

保存期間
冷蔵庫で約半年

材料（作りやすい分量）

塩麹（乾燥）…………………………200g
塩……………………………………50g
水…………………………250〜300mℓ
※生麹を使う場合は水200mℓ

作り方

1. ボウルに塩麹を入れて手で細かくほぐし、塩を加えてよく混ぜ合わせる。
2. ❶に水を少しずつ入れて混ぜ合わせる。
3. 密閉容器に❷を入れ、ふたをゆるくしめる。直射日光の当たらない常温の場所に置き、1日1回かき混ぜながら、1週間〜10日ほどおいて熟成させる。
4. とろみがついてきたら出来上がり。

※出来上がった後は、ふたをしっかりとして冷蔵庫で保存する。

鶏肉のやわらかさは塩麹にあり！

鶏肉の塩麹漬けサラダ

90ページの「塩麹」で

材料（4人分）

鶏もも肉 …………………………… 1枚
塩麹 ………………………… 大さじ2
サラダ油 ……………………… 大さじ1
レタス ……………………………… 4枚
きゅうり …………………………… 1本
ミニトマト ………………………… 4個
ドレッシング
- 塩麹 ……………………… 大さじ1
- 白練りごま ………………… 大さじ1
- 白すりごま ………………… 小さじ1

作り方

1. 鶏肉は皮に何カ所かフォークなどで穴をあけ、塩麹をもみ込んでからラップに包み、一晩冷蔵庫でねかせる。
2. フライパンを熱してサラダ油を入れ、1を両面焼いて適当な大きさに切る。
3. レタスは手でちぎり、きゅうりは薄切り、トマトは半分に切る。
4. ボウルにドレッシングの材料を入れ、よく混ぜ合わせる。
5. 器に2と3を盛り、4をかける。

塩麹に漬けた豚肉は旨みたっぷり

豚肉の塩麹漬け

90ページの「塩麹」で

材料（4人分）

豚ロース肉（トンカツ用）	4枚
塩麹	大さじ4
サラダ油	大さじ1
キャベツ	適量
トマト	1/2個

作り方

1. 豚肉は、身と脂身の間に包丁で細かく切り目を入れて筋切りしておく。
2. ❶に塩麹をよくもみ込んでラップに包み、一晩冷蔵庫でねかせる。
3. フライパンを熱してサラダ油を入れ、❷を焦げないように注意しながら両面色良く焼く。
4. 器にせん切りにしたキャベツとくし形切りにしたトマト、❸を盛りつける。

麹の旨みと甘みで、まぐろをよりおいしく

まぐろの塩麹丼

90ページの「塩麹」で

材料（4人分）

- まぐろ……300g
- 塩麹……大さじ3
- 大葉……4枚
- 万能ねぎ……適量
- 白いりごま……大さじ2
- すし飯……丼4杯分

作り方

1. まぐろはそぎ切りにしてボウルに入れ、塩麹を加えてよくもみ込み、2～3時間冷蔵庫でねかせておく。
2. 大葉はせん切り、万能ねぎは小口切りにする。
3. 丼にすし飯を1人分盛り、❶をのせて❷とごまを散らす。

卵黄入りだから、食べる直前に作るのがベター

サウザンアイランドドレッシング

保存期間
冷蔵庫で３〜４日

材料（作りやすい分量）

- 玉ねぎ……1/6個
- 卵黄……２個分
- 練りがらし……小さじ１
- 塩……小さじ1/2
- 酢……大さじ２
- サラダ油……大さじ５
- プレーンヨーグルト……大さじ２
- トマトケチャップ……大さじ１

作り方

1. 玉ねぎはみじん切りにする。
2. ボウルに卵黄、練りがらし、塩、酢大さじ１を入れ、泡立て器でよく混ぜる。
3. ❷にサラダ油を少しずつ加えながらよく混ぜ、マヨネーズ状になったら残りの酢を加えてよく混ぜる。
4. ❸に❶とヨーグルト、ケチャップを加えて混ぜる。
5. ❹をびんや密閉容器に入れ、冷蔵庫で保存する。

レモンの酸味とマスタードのほど良い辛さが特徴

マスタードドレッシング

保存期間
冷蔵庫で1週間

材料（作りやすい分量）

玉ねぎ……1/4個
にんにく……1片
粒マスタード……大さじ2
レモン汁……1/2個分
白ワインビネガー……大さじ2
オリーブオイル……大さじ2

作り方

1. 玉ねぎとにんにくはすりおろす。
2. ボウルに材料をすべて入れ、よく混ぜ合わせる。
3. ❷をびんや密閉容器に入れ、冷蔵庫で保存する。

Part 5 おやつになる保存食

97

98

100

102

104

105

106

107

108

109

110

111

甘さをたっぷり含んだいちじくがおいしい

いちじくのコンポート

保存期間
冷蔵庫で約2週間

材料（作りやすい分量）

- いちじく……4個
- 砂糖……いちじくの重さの10%
- 水……1カップ
- 白ワイン……1/2カップ
- レモンの輪切り……2枚

作り方

1. いちじくはよく洗う。
2. なべに①と砂糖、水を入れて砂糖がとけたら白ワインとレモンの輪切りを入れ、紙ぶたをして弱火で約20分煮る。
3. 火をとめたらそのまま冷まし、煮沸消毒した容器に入れ、冷蔵庫で保存する。

お茶うけやおやつとしても人気のヘルシーレシピ

しょうがの砂糖漬け

保存期間
冷蔵庫で約半年

材料（作りやすい分量）

しょうが……………………………100g
水……………………………1/4カップ
砂糖……………………………80g
グラニュー糖……………………………適量

作り方

1. しょうがは皮をむいて薄切りにし、水にさらしてから水けをきる。
2. なべに1と水（分量外）を入れて火にかける。沸とうしたらゆでこぼし、もう一度水（分量外）を入れて沸とうさせ、ざるに上げる。
3. なべに2と水、砂糖を入れて弱火にかけ、時々かき混ぜながら煮汁がなくなるまで煮つめる。
4. 3をざるに並べて冷まし、風通しの良い場所で半日ほど乾かす。ある程度乾いたらグラニュー糖をまぶし、ざるに並べてさらに乾燥させる。
5. 4をびんや密閉容器に入れ、冷蔵庫で保存する。

winning jam maker,
pastry chef and rest-
personal
extends to

焼きものに添えたり、お菓子の材料として使える重宝な一品

きんかんの丸煮

保存期間
冷蔵庫で２～３カ月

材料（作りやすい分量）

きんかん……………………………300ｇ
砂糖…………………………………150ｇ
水………………………………… １カップ

作り方

❶ きんかんはきれいに洗ってひと晩水に漬けておく。

❷ ❶をたっぷりの湯で２～３分ゆで、ざるに上げて水けをきる。

❸ 冷ました❷を水できれいに洗い、しばらく水にさらしてから水けをきる。

❹ きんかんの上下を少し残し、周囲に包丁を縦に５～６箇所入れ、そこから竹ぐしの先で種を出す。

❺ なべに砂糖と水を入れて煮とかし、シロップを作る。

❻ ❺に❹を入れてふたをし、弱火でゆっくり煮る。15分ほど煮たら、煮汁につけたまま冷まして味を含ませる。

❼ ❻を煮沸消毒したびんに入れ、冷蔵庫で保存する。

渋皮煮を上手に作るコツは、皮をむくときに栗を傷つけないこと

栗の渋皮煮

保存期間
冷蔵庫で約２カ月

材料（作りやすい分量）

栗……500g
重曹……小さじ2/3
水……6カップ
砂糖……栗の正味量の60%
しょうゆ……小さじ2

作り方

① 栗は熱湯に約30分漬けて鬼皮をむく。

② なべに①と分量の水と重曹を入れて火にかけ、沸とうしたらアクをとり、弱火で25～30分ゆでる。

③ ②を水にとって、渋皮の黒い筋をとる。手でとれない場合は竹ぐしで傷つけないようにそっととる。

④ なべにたっぷりの水と③を入れて火にかけ､沸とう後2～3分ゆでてざるにとる。これをもう1回くり返す。

⑤ なべに④と栗がかぶるくらいの水を入れて紙ぶたをして火にかけ、沸とうしたら火を弱めて約10分煮る。

⑥ ⑤に半量の砂糖を入れて5分煮、残りの砂糖を加えて弱火で10分煮る。

⑦ ⑥にしょうゆを加え、汁けがなくなるまでさらに約20分煮る（紙ぶたはそのつどもどす）。

⑧ ⑦を煮沸消毒した容器に入れ、冷蔵庫で保存する。

ドライフルーツはカルシウムやミネラルが豊富

干しあんずのシロップ漬け

保存期間
冷蔵庫で約1カ月

材料（作りやすい分量）

- 干しあんず……100g
- 砂糖……60g
- 水……1カップ

作り方

1. 干しあんずはひたひたの水に30分漬けてふやかす。
2. なべに❶と砂糖、水を入れて落としぶたをして、弱火でゆっくり、とろりとするまで煮つめる。
3. ❷が冷めたら煮沸消毒したびんに入れ、冷蔵庫で保存する。

お菓子やパンを作るときに大活躍

ドライフルーツのラム酒漬け

保存期間
常温で約半年

材料（作りやすい分量）

レーズン、オレンジピール、
レモンピール ………………………… 各適量
ラム酒またはブランデー ……………… 適量

作り方

1. ドライフルーツは湯で洗い、ペーパータオルで水けをしっかりとふきとる。
2. 1を密閉容器に入れ、ラム酒をひたひたになるまでそそぎ、常温で保存する。

巨峰、ピオーネなど好みの品種で作れる

ぶどうジュース

保存期間
冷蔵庫で１カ月

材料（作りやすい分量）

ぶどう …………………………………… 1kg
水 ……………………………………… 3カップ
砂糖 …………………………………… 300g
レモン汁 ……………………………… 大さじ1

作り方

1. ぶどうはしっかり洗って水けをきる。
2. なべに水と❶を入れて中火にかけ、皮がやわらかくなったら弱火で約15分煮る。
3. ボウルにざるをのせ、かたくしぼったぬれ布巾を敷いて❷をこす。
4. ❸をなべにもどし入れ、砂糖とレモン汁を加えてひと煮する。
5. びんや密閉容器に入れ、冷蔵庫で保存する。

さわやかな酸味がくせになるりんごジュース

りんごのサワージュース

保存期間
常温で1カ月

材料（作りやすい分量）

りんご……………………………………300g
氷砂糖……………………………………200g
酢…………………………………1と1/2カップ

作り方

1. りんごはよく洗って、皮つきのままくし形に切る。
2. 1を密閉容器に入れ、氷砂糖を上にのせて酢をそそぎ、常温で保存する。

※氷砂糖がとけたら飲み頃で、その時りんごはとり出す。

水で3～4倍に薄めて飲むとおいしい

梅シロップ

保存期間
冷蔵庫で2～3カ月

材料（作りやすい分量）

梅……………………………………500g
氷砂糖………………………300～500g

作り方

1. 青梅または黄色く熟した梅を洗って、水けをふきとる。
2. 煮沸消毒した広口びんに、梅と氷砂糖を1/3くらいずつ交互に入れ、冷暗所におく。
3. 時々びんをゆする。約1カ月で出来上がり。

※なるべく夏のうちに飲み終えるほうが良い。梅は、とり出して砂糖と煮つめれば梅ジャムになる。

ソーダ割りや、カキ氷のシロップにどうぞ

いちごシロップ

保存期間
冷蔵庫で1カ月

材料（作りやすい分量）

いちご……………………………………400g
水……………………………………1カップ
レモン汁………………………………1個分
砂糖……………………………………300g

作り方

1. いちごは洗ってへたをとる。
2. なべに①と水、レモン汁を入れ、弱火でアクをとりながら約15分煮る。
3. ②にいちごの赤色が出たら、火をとめる。
4. ざるにかたくしぼったぬれ布巾を敷き、③を静かに流し入れてこす。
5. ④が熱いうちに砂糖を加え、よく混ぜてとかす。
6. ⑤の粗熱がとれたら、びんや密閉容器に入れ、冷蔵庫で保存する。

生のブルーベリーを使って本格的な味わいに

ブルーベリーソース

保存期間
冷蔵庫で1カ月

材料（作りやすい分量）

- ブルーベリー……300g
- 砂糖……200g
- レモン汁……1/2個分

作り方

1. なべにブルーベリーと砂糖を入れて弱火にかけ、煮汁が出てきたらレモン汁を加える。
2. ❶にとろみが出てくるまで、様子を見ながら煮る。
3. とろみが出てきたら火をとめる。粗熱がとれたら、びんや密閉容器に入れ、冷蔵庫で保存する。

アイスクリームにかければ最高のおいしさ

キャラメルソース

保存期間
冷蔵庫で１～２週間

材料（作りやすい分量）

- グラニュー糖……………………………200g
- バター（有塩）…………………………100g
- 生クリーム………………………………200mℓ

作り方

1. 厚手のなべにグラニュー糖を入れて中火にかけ、パチパチと音がしてきつね色になり始めたら火をとめる。
2. ❶のなべをゆすりながら、人肌にあたためておいた生クリームを入れる。小さく切ったバターを加え、再び弱火にかけてバターをとかす。
3. ❷の粗熱がとれたら、びんや密閉容器に入れ、冷蔵庫で保存する。

中村 佳瑞子（なかむら かずこ）

料理・菓子研究家。東京都出身。ご主人の転勤に伴い、現在は芦屋在住。管理栄養士の資格を持ち、ヘルシーメニューやお菓子のレシピなどを雑誌や書籍に多数掲載。

著書に「コレステロールを下げる食事」（成美堂出版）、「みんな大好きクッキー」（主婦の友社）、「365日楽しめる 私の保存食ノート」、「365日毎日食べたい いつものおやつ うれしいおやつ」、「365日体にも心にもやさしい おうちごはん」、「365日つくりおきが楽しめる 私の無添加手づくりノート」（以上、メトロポリタンプレス）がある。

Staff

料理、スタイリング	中村 佳瑞子
カバーデザイン	戸田 薫
本文デザイン	湯本 翔〈株式会社ツー・ファイブ〉
撮影	山田 洋二
企画、編集、文	戸田 賀奈子

かんたん！ 手間なし
保 存 食 と 常 備 菜

2012年6月9日　第1刷発行

著　者／中村佳瑞子
発行者／深澤徹也
発行所／メトロポリタンプレス
〒173-0004　東京都板橋区板橋3-2-1
TEL：〈代表〉03-5943-6430　〈営業〉03-5943-6431
http://www.metpress.co.jp
印刷所／ティーケー出版印刷

ISBN978-4-904759-70-7　C0077
Printed in Japan